HEBREOS

NELLY PÉREZ DE RIVERA

Ediciones Crecimiento Cristiano

Diseño de tapa: Ruth Santacruz

© 1996 **Ediciones Crecimiento Cristiano**
Título: Hebreos
Autor: Nelly Pérez de Rivera
Primera edicion: 1996
Esta edición actualizada: 2008
I.S.B.N. 950-9596-63-9
Clasificación: Estudio biblico; guía de estudio
Queda hecho el depósito que marca la ley 11.723.

Impreso en los talleres de
Ediciones Crecimiento Cristiano
Córdoba 419
5903 Villa Nueva, Cba.
Argentina

oficina@edicionescc.com
www.edicionescc.com

IMPRESO EN ARGENTINA   **VE7**

Indice de estudios

Introducción

Recomendamos que antes de comenzar este estudio, leas por lo menos una vez la carta en su totalidad. A lo largo de la misma hay un tema central. Cuanto más la leas, más fácil te resultará descubrirlo y más provecho sacarás para tu vida.

Bosquejo

Con el fin de ayudarte en la comprensión de esta carta presentamos un bosquejo de la misma.

I Superioridad del Hijo de Dios (1.1 - 10.18)
    1 - Superioridad sobre la revelación antigua (1.1-3)
    2 - Superioridad sobre los ángeles (1.4 - 2.18)
    3 - Jesús, el Sumo Sacerdote de nuestra fe (3.1 -5.10)
        a) Jesús, superior a Moisés (3.1-6)
        b) Entrada al verdadero reposo de Dios (3.7 - 4.13
        c) Jesús, el gran Sumo Sacerdote (4.14 - 5.10)
        d) Necesidad de progresar en la fe (5.11 - 6.20)
    4 - Superioridad de Cristo sobre los sacerdotes levíticos (cap. 7)
        a) Jesús, sacerdote como Melquisidec (7.1-3)
        b) Melquisidec, superior a Abraham (7.4-10)
        c) Los dos sacerdocios (7.11-19)
        d) Superioridad del sacerdocio de Jesús (7.20-28)
    5 - Superioridad del culto, del santuario y de la mediación de Cristo como sacerdote (8.1 - 9.28)
        a) Imperfección del culto antiguo (8.1-6)
        b) Imperfección del primer pacto (8.7-13)
        c) El santuario y culto del primer pacto (9.1-10)
        d) El sacrificio que abre el camino a Dios (9.11-14)
        e) El Nuevo Pacto (9.15-23)
        f) La purificación perfecta (9.24-28)
    6 - El único verdadero sacrificio (10.1-18)

II Exhortaciones a la fidelidad (10.19 - 13.17)

Estudio

1/ Investiga cómo comienzan las otras cartas del Nuevo Testamento. ¿Qué diferencias encuentras entre la forma en que los autores comienzan sus cartas y la forma en que comienza la carta a los Hebreos?

2/ Fíjate en el último párrafo de la carta. ¿Qué descubres?

Este escrito tradicionalmente ha sido llamado "carta". Pero, llama la atención que no comienza como las demás cartas de la época. Sólo al final se encuentran noticias y saludos de carácter personal.

Destinatarios

En el texto no se detalla a qué grupo de creyentes se dirige. Sin embargo, vamos a ver si podemos detectar algunas características de los destinatarios.

3/ Observa 2:1-4; 5:11-6:12; 10:25, 32-39; 12:12, 13. Trata de anotar todos los datos que encuentres acerca de las personas que recibirían esta carta. ¿Quiénes eran? ¿En qué situación se encontraban?

El innumerable uso de citas del Antiguo Testamento parece indicar que los destinatarios eran judíos, posiblemente sacerdotes, convertidos al cristianismo. Si bien no sabemos con exactitud quiénes fueron los destinatarios de esta carta, sí podemos afirmar que también va dirigida a la iglesia de nuestro tiempo en la que, muy a menudo, encontramos desaliento, indiferencia, abatimiento, languidez, cansancio e incredulidad.

Autor

Popularmente, este tratado fue atribuido a Pablo, pero las indicaciones de estilo, de lenguaje y de contenido, más el hecho fundamental de que no lleva su nombre, hacen descartar casi con seguridad esta afirmación.

4/ ¿Por qué te parece que es importante el hecho de que no figura el nombre de Pablo? (Ver 2 Tesalonicenses 3:17)

Se han sugerido otros posibles autores, tales como Bernabé, Lucas, Silvano, Apolos (mencionado en Hechos 18:24-28 como hombre muy conocedor de las Escrituras), Felipe, Priscila y Clemente de Roma, pero ninguno de ellos satisface plenamente. Por lo tanto son apropiadas las sabias palabras de Orígenes: "Quien escribió la Epístola sólo Dios lo sabe".

5/ ¿De quién era amigo el autor? (13:23)

Lo que sí sabemos del autor es que tenía un profundo conocimiento del Antiguo Testamento, y según la forma en que se escribió, demuestra tener un gran dominio de la lengua griega.

Fecha

No hay muchas evidencias que permitan establecer la fecha cuándo fue escrita. Sí puede establecerse casi con seguridad, por la forma en que el autor estimula a sus lectores, el hecho de que existía alguna clase de persecución.

Otro elemento para tener en cuenta es la falta de referencia a la caída de Jerusalén y destrucción del Templo, ocurridos en el año 70 d.C. Tales acontecimientos, teniendo en cuenta el argumento del autor, no hubieran dejado de mencionarse.

6/ ¿Cómo nos ayuda 10:11 a ubicar la fecha en que se escribió la carta como anterior al año 70 de Cristo?

Estamos convencidos que el estudio de esta carta es muy importante para nosotros hoy, ya que también en esta hora la iglesia de Jesucristo necesita, como entonces, un fuerte llamado a la fidelidad.

1 Hebreos 1

1:1-3

La carta comienza diciendo que Dios antes habló a su pueblo por medio de profetas.

1/¿A quién se le daba el nombre de profeta? (Para mayor información consulta un diccionario bíblico.)

2/ Algún tiempo después de concluido el Antiguo Testamento los judíos agruparon sus Escrituras en tres grandes divisiones. ¿Cuáles eran estas divisiones? Lee Lucas 24:44.

3/ Según Hebreos 1:1-3, ¿en qué consiste la diferencia entre un profeta y el Hijo de Dios? Escribe por lo menos siete aspectos en los cuales fundamentas tu respuesta. Trata de expresarlos con tus propias palabras.

4/ ¿Qué relación tiene Jesucristo con:
   a/ Dios?

   b/ La creación?

   c/ nosotros?

5/ ¿Piensas que puede existe algún profeta de la antigüedad o de las religiones modernas que posea alguna de las características de la persona de Jesús? Trata de fundamentar tu respuesta.

1:4-14

En este párrafo se afirma la superioridad del Hijo de Dios con respecto a los ángeles, explicando que ha heredado un título o nombre más excelente que el de ellos.

6/ Según el pasaje, ¿qué son los ángeles? (vv. 7 y 14)

7/ ¿Qué atributos no les han sido dados a los ángeles?

8/ El autor cita una serie de siete pasajes del Antiguo Testamento considerados como profecías mesiánicas para demostrar que Jesucristo es superior a los ángeles y a la creación entera. Detalla qué aspectos demuestran la superioridad del Hijo de Dios.

9/ Luego de analizar este pasaje, escribe un párrafo con tus propias palabras expresando quién es Jesucristo.

2   Hebreos 2

Los versículos 1-4 son una fuerte advertencia para todos los que alguna vez hemos escuchado el mensaje de Jesucristo.

1/ La expresión "Por tanto" o "Por esta causa" del v. 1 está relacionando lo dicho anteriormente con el párrafo que continúa. Trata de explicar con tus palabras la relación que existe entre ambos párrafos.

2/ ¿A qué se refiere el v. 2 al hablar de "la palabra dicha por medio de los ángeles"? Ver también Gálatas 3:19; Hechos 7:38 y 53.

Según algunas tradiciones judías, basándose en parte en la versión griega de Deuteronomio 33:2, Dios había dado la ley por medio de ángeles.

3/ ¿Cuál habría sido la respuesta del pueblo judío al mensaje de Dios dado a través de los profetas y de los ángeles? Ver Hechos 7:52 y 53.

4/ ¿A qué se refiere al decir que los que desobedecieron la palabra dada por Dios en otro tiempo recibieron justa retribución? Comparar con Hebreos 3:16-19 y 10:28. Ver también Números 15:30, 31 y Deuteronomio 28:15.

5/ ¿En qué consiste la fuerte advertencia que también se nos hace a nosotros hoy?

6/ ¿De qué forma ha sido confirmado el mensaje dado por Jesucristo?

No es la falta de pruebas lo que le aparta a uno de la fe cristiana, ni tampoco puede ser el descubrir que el cristianismo carece de fundamentos históricos. Lo que causa la apostasía es el no enfrentarse con las pruebas y la indiferencia al evangelio diariamente confirmado.

Los versículos 5-18 nos muestran la perfecta humanidad de Jesucristo.

7/ En los vv. 6 al 8 se citan versículos del Salmo 8. ¿De qué trata este Salmo?

8/ ¿Cuál fue el plan de Dios para el hombre?

9/ El v. 8 dice: "Todavía no vemos que todas las cosas le sean sujetas". ¿Qué cosas no están sujetas al hombre?

10/ Pero, ¿quién es el Hombre Verdadero en quién vemos cumplidas tanto la humillación como la exaltación de la que el salmista escribió?

En el "Nuevo Testamento", volumen 13, página 30 William Barclay explica:

"El autor de este pasaje nos muestra tres cosas:

- El ideal de lo que el hombre debería ser.
- El estado actual del hombre: frustración en vez de dominio, el fracaso en vez de la gloria. El hombre que fue creado para reinar se ha convertido en un esclavo.
- Por último, cómo el hombre actual puede ser transformado en el hombre ideal. Jesucristo es el único que por su sufrimiento y gloria puede hacer que el hombre sea lo que está destinado a ser, y sin él nunca podría ser."

El v. 10 dice que "por medio del sufrimiento (Dios) tenía que hacer perfecto a Jesucristo" (V.P.). Esto no quiere decir que tuviera que ser limpiado de alguna culpa moral, sino que por medio del sufrimiento Jesucristo estuvo perfectamente capacitado para hacer la obra que Dios le encomendó.

11/ ¿Por qué Jesús tuvo que hacerse hombre?

12/ ¿Qué parentesco reciben los que son santificados o consagrados por Jesucristo?

El autor cita dos pasajes del Antiguo Testamento como si fuera Cristo quién los hubiera dicho. Salmo 22:22 e Isaías 8:17 y 18.

13/ Según estas citas, ¿qué parentezco existe entre Jesús y la congregación de consagrados? (Consultar en más de una versión.)

14/ Si bien Jesús resucitó, aun la muerte existe y es una constante amenaza para el ser humano. ¿Qué significa que Jesús nos libra de la esclavitud a que nos somete el miedo a la muerte?

15/ ¿Qué consecuencias trae a nuestra vida el hecho de que Jesús haya sido totalmente hombre?

Para reflexionar

Al comprender un poco más porqué Jesús se hizo hombre y la salvación que nos brinda, tenemos sobrados motivos para alabarle de corazón. Trata de redactar un párrafo que exprese tu agradecimiento a él.

---

3 Hebreos 3

1/ En el v. 1 a Jesús se le dan dos títulos (uno de ellos ha sido mencionado por primera vez en 2:17). ¿Qué significa cada uno de ellos?

a/

b/

2/ ¿Por qué se le llama así a Jesús?

Este es el único pasaje del Nuevo Testamento en que se aplica el término "apóstol" a Jesús, como enviado especial de Dios. Sin embargo, hay otros pasajes en donde sin usar el término "apóstol", hacen referencia a su misión como tal. (Ver, por ejemplo, Juan 3.17; 6.29: 17.18)

En cuanto al término "sumo sacerdote", lo estudiaremos mejor más adelante.

A continuación el autor compara a Jesús con Moisés. Por lo tanto, para comprender mejor el argumento, nos detendremos por un momento en la persona de Moisés.

3/ Lee Números 12:5-8. ¿Qué dice Dios acerca de Moisés?

Moisés, bajo la dirección de Dios, hizo de Israel una nación. Los sacó de la esclavitud en Egipto y los condujo a través del desierto. Les dio la ley de Dios y su sistema de culto. Ningún hombre era tan reverenciado por los judíos, y con razón.

4/ ¿Qué se dice de Moisés en este pasaje de Hebreos?

5/ Lee Juan 9:28, 29; Hechos 6:11 y 14 y Hechos 15:21. ¿Qué significaba la persona de Moisés para el judío?

6/ ¿Por qué Jesús merece más honor que Moisés?

7/ ¿A qué se refiere la expresión "casa de Dios"?

8/ El v. 6 habla de una condición que es necesaria para formar parte de la casa de Dios.

a/ ¿Cuál es esa condición?

b/ ¿Estamos cumpliendo con ella?

c/ ¿Cómo se logra esto en la práctica?

Hasta aquí el autor de Hebreos ha estado tratando de probar la supremacía única de Jesús, y ahora cambia la argumentación por la exhortación. Trata de convencer a sus lectores de la consecuencia inevitable de esa supremacía única.

9/ Los versículos 7 al 11 son una cita de Salmo 95:7-11. Allí agrega que se refiere al incidente ocurrido en Meriba y relatado en Números 20:1-13. Lee este pasaje.

a/ Relata en pocas palabras lo que sucedió en esa circunstancia.

b/ ¿Cuál fue el pecado del pueblo?

c/ ¿Cuál fue la consecuencia de este pecado?

10/ Al pie de la página de la Biblia en Hebreos 3:16-18 se hace referencia a otro hecho histórico del pueblo de Israel (Números 14:1-35).
a/ ¿Cuál fue el pecado del pueblo en esa oportunidad?

b/ ¿Cuál fue la respuesta de Dios?

11/ ¿Qué quiere advertirnos el autor a través de estos ejemplos?

Nuevamente, en el v. 14, se pone como condición para ser participantes de Cristo el "retener firme hasta el fin nuestra confianza".

12/ ¿Qué implica esto? (Tener en cuenta también los versículos que siguen.)

13/ Tú profesas ser creyente en Jesucristo y probablemente consideras que estas advertencias son para los demás. Pero piensa un momento: ¿En qué aspectos de tu vida existe incredulidad, falta de fidelidad al Señor o desobediencia a su Palabra? (Recuerda que esta carta fue escrita a cristianos.)

4   Hebreos 4:1-13

El autor usa aquí la palabra "reposo" en tres diferentes sentidos:

a) La usa como usaría la frase "la paz de Dios" y es presentado como figura de la salvación.
b) Como ya vimos en 3:18 y 19 lo usa con el significado de "la tierra prometida", donde Dios les daría paz y descanso.
c) La usa con referencia al descanso de Dios después del sexto día de la creación cuando terminó toda su obra.

Esta forma de utilizar una palabra en varios sentidos, de insistir en la misma hasta extraerle su última gota de significado, caracterizaba a los ambientes de pensamiento culto y académico de la época en que fue escrita la carta.

1/ En cuanto a la promesa de reposo y paz de Dios en favor de su pueblo (significado "a" arriba),
   a/ ¿ha perdido vigencia?

   b/ ¿En dónde está el peligro?

2/ Considera Números 14:21-31. En cuanto al reposo que significaba "la tierra prometida" para el pueblo de Israel (significado "b" arriba):
a/ ¿Quiénes no pudieron entrar?

b/ ¿Quiénes entraron en ese reposo?

c/ ¿Qué fue lo que determinó que algunos entraran y otros no?

3/ Busca Génesis 1:5, 8, 13, 19, 23, 31; 2:1-3. ¿Qué diferencia encuentras en cuanto a la duración del día 7 con la de los demás días (significado "c" arriba)?

Los rabinos argumentaban que mientras los otros días concluían, el día de descanso de Dios no tenía fin: era eterno y perdurable. Por lo tanto, aunque en la antigüedad los israelitas no hubieran podido entrar en ese reposo, éste aún permanecía, ya que es un reposo eterno.

Ahora bien, siglos después de que Josué condujera al pueblo a la tierra prometida, el salmista en el Salmo 95:7-11 sigue hablando de que "si no endurecen sus corazones entrarán en ese reposo".

4/ ¿A qué se refiere este reposo? (4:6-11)

5/ En 3:13 y 4:7, habla de un "hoy" que Dios ha establecido.

   a/ ¿Qué significa "hoy" en estos versículos?

   b/ ¿Tiene vigencia actualmente? Explica.

"Hay en la iglesia una continuada tendencia a mirar hacia atrás; a pensar que las grandes manifestaciones de Dios pertenecen al pasado, a creer que el brazo de Dios se ha acortado y su poder ha disminuido; que la época de oro está en el pasado. El autor de Hebreos exclama: 'No penséis que habéis llegado demasiado tarde a la historia, no penséis que los días de la gran promesa y los grandes éxitos son del pasado. Este es todavía el "hoy" de Dios.' Hay para nosotros una felicidad tan grande como la de los santos, una aventura tan grande como la de los mártires. Dios es tan grande "hoy" como lo fue siempre." (Barclay, p. 43)

6/ Si Dios es un Dios de amor y de gracia, y quiere que todos se salven,
   a/ ¿Por qué el autor en el v. 1 utiliza la palabra "tema-
   mos"?

   b/ ¿Qué hay que temer?

7/ El v. 11 nos exhorta a "esforzarnos" para entrar en ese
lugar de reposo.
   a/ ¿Qué significa que debemos "esforzarnos"?

   b/ ¿Por qué debemos hacerlo?

c/ En la práctica de nuestra vida diaria, ¿cómo podemos esforzarnos?

8/ A continuación (versículos 7 y 8) el autor habla de la Palabra de Dios. ¿Qué se dice de ella?

9/ Trata de explicar con tus propias palabras cada una de las respuestas dada en la pregunta anterior.

10/ ¿Has experimentado alguna de estas afirmaciones o conoces a alguien que lo haya hecho? Explica.

11/ Recordando el párrafo anterior, ¿cómo puede ayudarnos y prepararnos la Palabra de Dios para entrar al lugar de reposo?

12/ ¿Qué debemos hacer con la Palabra de Dios para que ella pueda obrar en nosotros? (Hay varias respuestas.)

13/ ¿En qué aspectos estás fallando en tu relación con la Palabra de Dios?

14/ Vimos en el v. 1 que el autor habla de "temer" o "tener cuidado". ¿De qué manera el v. 13 explica y completa esta idea? Explica.

15/ Escribe un breve párrafo explicando cuál es tu responsabilidad ante Dios y la salvación que él te ofrece.

5 Hebreos 4:14-5:10

Esta es la tercera vez que se le da a Jesús el título de "sumo sacerdote" en esta carta. La primera mención la hallamos en 2:17 y la segunda en 3:1. Te sugerimos que marques con color rojo cada vez que encuentres la palabra "sacerdote" o "sumo sacerdote" referida a Jesús en Hebreos. Sin duda que a través de la repetición el autor quiere trasmitirnos alguna profunda verdad.

1/ ¿Cuál era la misión del sacerdote dentro del contexto judío? (5:1) Ver también Éxodo 28:12, 29, 36-38; Levítico 10:9-11, 17.

2/ ¿Qué misión especial tenía el sumo sacerdote? (Ver Levítico 16.)

3/ Al ofrecer los sacrificios por los pecados del pueblo, ¿qué debería tener en cuenta el sacerdote? (5:3, Levítico 9:7)

4/ ¿Quién designaba a los sacerdotes en sus funciones? (5:4 y Éxodo 28:1)

5/ ¿En qué se asemeja Cristo a cualquier sacerdote?
   a/ Vv. 2:17 y 4:15

   b/ V. 5:1

   c/ Vv. 5:4-6

6/ ¿Qué ventajas presenta Jesucristo como sacerdote?

En los versículos 8 y 9 de este capítulo 5, así como en 2:10, habla de que Jesús fue perfeccionado a través del sufrimiento (Recordar lo que vimos en el capítulo 2, pregunta 5.)

Vamos a detenernos por un momento a contemplar estos sufrimientos de Cristo.

7/ ¿Qué era lo que Jesús suplicaba al Padre con gran clamor y lágrimas? (v. 7) Ver Mateo 26:36-46.

A veces nos parece que Jesús murió porque no tenía otra alternativa: nos parece ver a un Padre autoritario e indiferente y a un hombre débil, sin capacidad para decidir nada frente a una multitud enardecida.

8/ ¿Qué opinas de esto? (Ver también Mateo 26.53)

9/ En este pasaje se hace énfasis en la obediencia de Jesús.
a/ ¿Qué diferencia hay entre la obediencia y la resignación?

b/ ¿Por qué dice que su actitud fue de obediencia y no de resignación? Ver también Juan 10:17 y 18 y Filipenses 2:8.

10/ ¿Qué nos enseña la actitud de Jesús en cuanto a cómo debemos enfrentar nosotros el sufrimiento, que a veces viene como consecuencia de nuestra obediencia a Dios?

11/ ¿Con qué actitud debemos acercarnos a Dios? (4:16)

12/ ¿En qué verdad debe basarse esta actitud? (vv. 14-16)

En 2:18 y 4:15 el autor dice que Jesús estuvo sometido a las mismas pruebas que nosotros. Muchas veces tendemos a pensar que Jesús no tuvo tantos problemas como nosotros.

13/ ¿Qué te parece, habrá sido más fácil o más difícil la vida para Jesús? Busca una cita bíblica que respalde tu argumento.

"*El hecho de que Jesús fuera sin pecado significa necesariamente que conoció abismos, tensiones, asaltos y tentaciones que nosotros jamás conocimos ni llegaremos a conocer. Su lucha, lejos de ser más fácil, fue extremadamente difícil. ¿Cuál es la razón? Nosotros cedemos a la tentación antes que el tentador use todo su poder; somos fácilmente derrotados y jamás experimentamos la tentación en toda su fuerza y en su embate más terrible, porque nos desplomamos mucho antes de que alcance esa etapa. Pero Jesús fue tentado como nosotros, y mucho más allá que nosotros. En su caso el tentador usó todos sus recursos, pero Jesús se mantuvo inconmovible. Sufrió tentaciones mucho mayores que las nuestras, sin desmayar. Verdaderamente, pues, fue tentado en todo como nosotros lo somos, y también es verdad que jamás nadie fue tentado como él.*" (Barclay página 48.)

¡Qué alentador saber que tenemos un gran Sumo Sacerdote que nos comprende, que se compadece de nuestra debilidad, que tiene misericordia de nosotros y que está esperando que nos acerquemos a él con confianza, para ayudarnos con su bondad en la hora de la necesidad!

6 Hebreos 5:11-6:20

5:11-6:8

1/ ¿Qué problema presentaban los destinatarios de esta carta o disertación? Explica.

2/ El autor describe a los destinatarios como "tardos" o "lentos". ¿En qué aspectos se habían hecho "tardos"?

Decir que un hombre era capaz de enseñar significaba, en griego, que poseía una verdadera y madura comprensión de un asunto.

3/ El no poder enseñar a otros y el no poder distinguir entre lo bueno y lo malo.
   a/ ¿A qué se debe? ¿Por qué?

---

b/ ¿Qué consecuencias trae esto para el cristiano y para la iglesia?

La Biblia Latinoamericana, en un comentario a pie de la página, expresa: "Permanecer años en la iglesia sin lograr una fe más ilustrada y una experiencia más rica, es envejecer y hacerse incapaz de progresar."

El contraste entre el cristiano maduro y el niño, entre la leche y el alimento sólido, se ve con frecuencia en el Nuevo Testamento.

4/ Ver 1 Pedro 2:2; 1 Corintios 2:6; 3:1-3; 14:20; Efesios 4:13-16. Explica lo más detallado y concreto que puedas qué evolución deben seguir los cristianos en su crecimiento espiritual y características de cada etapa.

5/ ¿Qué evidencias podemos tener de que un cristiano está creciendo?

6/ Este pasaje nos hace ver lo que, para la iglesia primitiva, eran las enseñanzas básicas. Anota a continuación las mismas:

7/ La falta de progreso es en sí bastante grave, pero puede ser síntoma de algo mucho más serio. ¿Cuál es ese peligro? (Vv. 4-6)

8/ Somos propensos a dar un mensaje blando, mostramos a un Dios extremadamente permisivo. ¿Qué advertencia hace el autor? (Vv. 4-8 y 10.26 y 27.)

9/ ¿Qué querrá decir el autor con la expresión:
   a/ "Crucificar de nuevo al Hijo de Dios"?

b/ "Exponiéndolo a vituperio": o "a la burla de todos"?

Recordemos que esto fue escrito en una época de persecución y en dichas circunstancias, la apostasía es el pecado supremo, por así decirlo. En toda época de persecución el cristiano sólo puede salvar su vida negando a Jesucristo. Para él, Jesús no es el Señor.

Vv. 9-20

10/ ¿Qué requisitos son necesarios para recibir la herencia que Dios nos promete? (Recordar también 3:6 y 14.)

Advierte que aun cuando las personas a las que escribe habían fracasado en su crecimiento en la fe cristiana y en el conocimiento, y aun cuando habían dejado de lado el primer entusiasmo y el primer amor, permanecían todavía activos en el servicio del pueblo de Dios. (v. 10)

A veces en la vida cristiana llegamos a épocas áridas y en tales momentos, podemos hacer una de estas dos cosas: o dejar de asistir y abandonar nuestra obra, o continuar con los hábitos y rutina cristiana.

11/ ¿Cuál te parece el camino correcto? ¿Por qué?

a/ ¿Cómo aconsejarías a alguien que esté pasando por un momento así?

A continuación el autor pasa a demostrar que esta esperanza, a la cual él los desafía a mantenerse firmes, es una esperanza digna de confianza.

12/ El autor pone como ejemplo a Abraham, el "padre de la fe". Su esperanza no dependía de argumentos humanos. ¿En qué se basaba la fe de Abraham? (Ver Génesis 12:7; 17:5, 6; 18:18; 22:16-18.)

13/ ¿Qué efectos produce el confiar en la esperanza que Dios nos ha dado? (Vv. 18 y 19)

14/ ¿Qué hecho hace que esta esperanza tenga garantía y sea digna de confianza?

15/ Este tema del "velo" se menciona otras veces en Hebreos (Hebreos 9:3-12 y 10:19-20.) Ver también Éxodo 26:31-33; Levítico 16:2; 2 Crónicas 3:14; Mateo 27:51.)
a/ ¿Qué función cumplía este velo presente tanto en el tabernáculo, como en el templo de Salomón, como en el templo de Herodes en la época de Jesús?

b/ ¿Qué significa la expresión del v. 19b?

(Continuaremos con este tema más adelante)

Para reflexionar

Después de analizar este pasaje,
a/ ¿En qué etapa del crecimiento cristiano te encuentras?

b/ ¿Eres un niño que no crece, o estás llegando a ser adulto? ¿Por qué?

c/ ¿Cómo es tu fe y constancia? ¿De qué dependen?

7 Hebreos 7

En este capítulo nos encontramos frente Melquisedec, un personaje extraño y poco conocido. Al leerlo nos sorprenden algunas conclusiones a las que llega el autor, pero que son muy comprensibles teniendo en cuenta la forma en que interpretaban las Escrituras los judíos.

El judío no se interesaba tanto en el sentido obvio, literal, histórico de un pasaje, como en el sentido alegórico y místico del mismo. Frecuentemente se sacaban las frases fuera de contexto para leer en ellas significados que nosotros consideraríamos fantásticos e injustificados.

Además los intérpretes judíos se consideraban completamente justificados en argumentar no sólo sobre lo expresado, sino también sobre silencios de las Escrituras. Es decir, se podía construir un argumento de lo que no decía.

Lee todo el capítulo. Considera, además: Génesis 14:17-20; Hebreos 5:1-10; 6:20; Salmo 110:4. Estas son todas las citas en donde se nombra a Melquisedec en la Biblia.

1/ ¿Qué sabemos concretamente acerca de Melquisedec?

2/ ¿Qué argumentos da el autor para hacernos comprender la importancia de este personaje con respecto a Abraham, padre del pueblo hebreo?

3/ ¿A cargo de quiénes estaba el sacerdocio judío? (Ver Éxodo 28:1; Números 3:5-12.)

a/ ¿De quién descendía Aarón, hermano de Moisés? (Éxodo 2:1)

4/ ¿Cómo se fundamenta la superioridad de Melquisedec con respecto a los sacerdotes del pueblo judío que descendían de Leví, bisnieto de Abraham?

5/ Según el v. 3 y el v. 8, ¿por qué se dice que Melquisedec aún vive?

6/ ¿Que falencias demostró el sacerdocio levítico? (Vv. 18 y 19; 23, 27, 28)

7/ ¿Por qué se compara a Jesús con Melquisedec?

8/ ¿Cómo fue nombrado Jesús?

a/ ¿En qué pasaje bíblico se apoya el autor?

9/ ¿Qué ventajas ofrece el sacerdocio de Jesús?

10/ Teniendo en cuenta los datos que aporta este pasaje, completa el siguiente cuadro.

	Sacerdocio judío	Sacerdocio de Jesús
1) Nombramiento		
2) Duración		

3) Condiciones
   personales

4) Sacrificio
   que ofrecen

5) Frecuencia con
   que lo realizaban

6) Evaluación

En los vv. 19 y 22 de este capítulo, aparece una palabra clave de Hebreos, la palabra "mejor". Te sugerimos que cada vez que te encuentres con esta palabra la marques con color azul.

11/ En este capítulo, ¿a qué hace alusión la palabra "mejor"?
   a/

---

b/

12/ ¿Qué promesas fabulosas se enuncian en el v. 25?

13/ Contando con un sacerdote como Jesús, ¿es necesario buscar otro que interceda por nosotros?

14/ ¿Cómo le explicarías a una persona de la calle que Jesús es sacerdote y las ventajas que ofrece?

15/ Escribe con tus propias palabras una oración alabando a Dios por lo que hoy has reconocido de Jesús.

8   Hebreos 8

Vv. 1-6

Hasta aquí el autor ha venido describiendo la persona y los requisitos del gran Sumo Sacerdote. Desde 8:1 a 10:18 considera su obra expiatoria.

1/ ¿Qué es lo más importante o punto principal de este Sumo Sacerdote?

Desde el capítulo 1 el autor tiene en mente el Salmo 110, Salmo real de entronización o ascensión al trono de un nuevo rey descendiente de David. Es el Salmo más citado por el Nuevo Testamento, que lo interpreta en sentido mesiánico y lo refiere a la glorificación de Jesús, sentado a la derecha del Padre.

2/ Según el Salmo 110 y según el autor de Hebreos, ¿cuáles son los dos atributos o roles dados a Jesús?

Los griegos estaban fascinados con la concepción de un mundo real del cual este mundo sólo es una copia aproximada e imperfecta. En este mundo caminamos en las sombras; en alguna parte existe la realidad. Y el gran problema en la vida es cómo pasar de este mundo de sombras al mundo de las realidades. El autor de Hebreos hace uso de esta idea.

3/ Considera además 9:11, 23, 24 y 10:1.
   a/ ¿Qué son copias y sombras de lo verdadero, según el autor?

b/ ¿Cuál es la realidad?

4/ ¿Cómo fundamenta el autor con las Escrituras esta afirmación? (Ver también Éxodo 25:9, 40.)

5/ Recuerda la pregunta 11 del estudio anterior. ¿A qué cosas se refiere en este capítulo como "mejor"?

Aquí se nos presenta a Jesús como el único que puede sacarnos de una situación actual frustrante para llevarnos a la realidad, la vida verdadera y a Dios. Como dijo Jesús:

Yo soy el camino, la verdad y la vida o Yo he venido para que tengan vida y la tengan en abundancia.

Vv. 7-13

En la antigüedad, cuando Dios sacó a los israelitas de Egipto, hizo con ellos un pacto.

6/ Según Éxodo 19:1-8 y 24:1-8:
   a/ ¿Qué planes tenía Dios para el pueblo?

   b/ ¿Cómo respondió el pueblo?

7/ ¿Por qué esta alianza resultó imperfecta?

8/ Ahora el autor de Hebreos cita a Jeremías 31:31-34. ¿Qué se propuso hacer Dios ante la infidelidad de su pueblo?

Jesucristo vino a instaurar un nuevo pacto, con características diferentes.

9/ ¿Cuáles son las ventajas de este pacto?

Ya que estamos hablando de los dos pactos, consultaremos otros pasajes para profundizar el tema.

10/ Compara Éxodo 19:5 y 6 y 1Pedro 2:9, 10.
   a/ ¿Qué semejanza hay entre los dos pactos?

   b/ ¿Qué diferencias?

11/ ¿Qué privilegio representa para tí aceptar el pacto que Dios ha hecho contigo?

12/ ¿Qué responsabilidades asumes al aceptar el pacto que Dios te ofrece? (Recuerda lo que hemos visto anteriormente en la carta.)

9 Hebreos 9

El autor en el capítulo anterior ha reflexionado sobre Jesús como "Aquel que nos conduce a la Realidad". Empleó la idea de que en este mundo sólo tenemos sombras y pálidas copias de lo que es verdaderamente real. A continuación demuestra que el culto que el hombre puede realizar es sólo una copia, una sombra del culto real, que sólo Jesús, el Gran Sumo Sacerdote puede ofrecer. Al pensar en esto, su mente se traslada al tabernáculo, construcción portátil diseñada por Dios para residir en ella (Éxodo 25:8 y 9), que siguió peregrinando con el pueblo hasta que el Templo de Jerusalén se convierte en la Casa de Dios (1 Reyes 8:1-11).

Vamos a tratar de comprender ligeramente cómo estaba construido el Tabernáculo o Tienda del Encuentro.

1/ Lee Éxodo 40:16-33; 26:33-35.

a/ Trata de explicar con tus palabras cómo estaba constituido el Tabernáculo o Tienda del Encuentro que tenían los judíos en el desierto.

b/ Coloca los nombres en el gráfico de la página siguiente.

El autor de Hebreos menciona el altar de oro para el incienso o incensario de oro como parte del Lugar Santísimo, seguramente debido a la relación íntima que tenía con este lugar en el antiguo ritual (Levítico 16:12 y 13, 18 y 19).

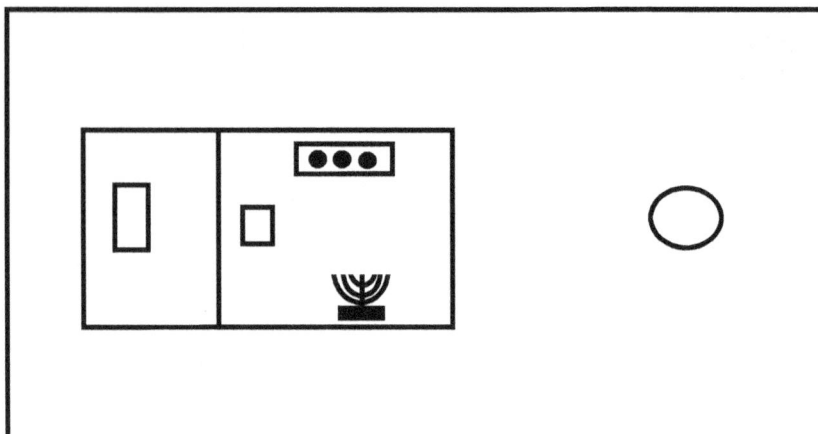

2/ ¿Para qué se utilizaba "el Santo" o "Lugar Santo"?

3/ ¿Para qué se utilizaba "el Santo de los Santos" o "Lugar santísimo"?

El v. 7 hace referencia al Día del Perdón o Día de la Expiación, que se describe en Lev 16. Este día era un gran acto general de expiación por todos los pecados y toda impureza. No era una fiesta, era un día de humillación (Levítico 16:29), en que tanto las cosas como las personas eran purificadas, de modo que la relación entre Israel y Dios continuara inquebrantable.

4/ ¿Qué deficiencia presentaban todos los sacrificios? (Vv. 9, 10, 25)

5/ ¿Qué ventajas ofrece el sacrificio de Cristo? (Vv. 12, 14, 26, 28)

6/ Según Hebreos, ¿qué valor tenían los sacrificios que ofrecían los judíos en el Tabernáculo? (Vv. 10, 13, 23a)

7/ Compara Éxodo 12:5 y Números 28:3 con 1 Pedro 1:18 y 19 y el v. 14 de este capítulo de Hebreos. ¿Por qué solamente Cristo pudo ser la ofrenda perfecta?

8/ Según el v. 14, ¿para qué limpió Dios nuestra conciencia?

9/ Bajo el antiguo pacto la expiación por los pecados había sido figurativa y simbólica. ¿En qué hecho se fundamenta realmente la expiación de los que vivieron en la antigüedad (v. 15)? (Consultar otras versiones.)

10/ ¿Cómo aplica el autor la idea de testamento y herencia a Cristo y su muerte?

Los versículos 18-20 hacen referencia al relato de Exodo 24:3-8 y el v. 21 hace referencia a Levítico 8:15 y 19. El v. 22 se basa en Levítico 17:11.

11/ ¿Por qué será que sólo la sangre puede purificar a la persona y librarla de la muerte? ¿Cómo le explicarías esto a alguien?

Advierte la semejanza que existe entre el v. 20, donde se cita la frase de Moisés (Éxodo 24:8) y la expresión de Jesús al instituir la Cena del Señor, momentos antes de su muerte (Mateo 26:28).

12/ ¿Por qué pienses que existe esta semejanza?

13/ ¿A qué cosas hace referencia la palabra "mejor" o "más perfecto" en este capítulo? (Vv. 11, 23)

Había dos rasgos esenciales en el ritual del gran Día de la Expiación (Lev 16). El primero era la ofrenda de sacrificios. El segundo era la entrada del sumo sacerdote en el Lugar Santísimo para presentarse por el pueblo ante la presencia de Dios. Ambos rasgos del ritual hallaron su cumplimiento en la obra expiatoria de Cristo. El autor ya ha hablado del primero. A continuación dirige su atención a la entrada del gran Sumo Sacerdote en el santuario celestial y su posterior regreso.

14/ **En los vv. 7 y 28 se mencionan 4 momentos ante los cuales nadie puede permanecer indiferente. ¿Cuáles son?**

15/ ¿Cómo sería nuestra vida si todos los días tuviéramos en cuenta estas verdades?

"Así como el perdón humano es costoso, el perdón divino también lo es. Dios es Amor, pero es también Santidad. El pecado debe tener su castigo para que no se desintegre la misma estructura de la vida. Y solamente Dios puede pagar el precio terrible y necesario para que el hombre sea perdonado. El perdón nunca consiste en decir: 'Está bien, no pasó nada'. El perdón es la cosa más costosa del mundo." (Barclay p. 115)

En Cristo existe la más grande paradoja del mundo: la de la mayor gloria y la del mayor servicio al mismo tiempo, la de alguien por quien el mundo existe y que existe para el mundo; la del Rey eterno y del eterno Siervo.

10 Hebreos 10

1/ Según los vv. 1-4 y 11, ¿a qué conclusión llega el autor de Hebreos sobre la cuestión de:
a/ la ley de Moisés?

b/ los sacrificios?

2/ Luego de leer el v. 3 en diferentes versiones, trata de explicarlo con tus propias palabras y piensa por qué el autor dice esto. (Compara con el v. 17.)

Barclay, en su comentario al Nuevo Testamento, vol. 3, p. 120, pone el siguiente ejemplo:

Supongamos que un hombre cae enfermo. Se le prescribe un frasco de medicamento. Si este medicamento es eficaz y obtiene realmente la cura, en adelante, cada vez que mire el frasco, exclamará: "Esto es lo que me curó, esto es lo que me devolvió la salud". Por el contrario, si la medicina es ineficaz y se encuentra en peor estado que nunca, cada vez que contemple el frasco recordará simplemente que está enfermo y que el medicamento recomendado fue inútil e impotente. De esta manera el autor de Hebreos dice con vehemencia profética: "El sacrificio de animales es impotente de purificar al hombre, de eliminar su pecado, de darle el acceso a Dios; todo lo que tales sacrificios pueden obrar es continuar recordando al hombre que todavía es un pecador enfermo; que todavía las barreras de su pecado se interponen entre él y Dios. Lejos de erradicar su pecado lo subrayan".

El sacrificio en sí era algo noble: el hombre apartaba algo que para él era valioso y lo entregaba a Dios para manifestarle su amor y devoción. Pero esta idea fue degenerando y el sacrificio era un medio para "comprar el perdón de Dios".

A continuación se pone en boca de Jesús el Salmo 40:6-8.

3/ ¿Qué diferencia observas entre la cita de Hebreos (vv. 5-7) y la cita del Salmo?

Esta diferencia se explica porque el autor de la carta no cita el original hebreo del Antiguo Testamento, sino la versión griega llamado los LXX (Hacia el año 270 a.C. se comenzó en Alejandría de Egipto la tarea de traducir el Antiguo Testamento del original hebreo al griego. En el mundo antiguo eran más los que leían griego que los que leían hebreo.) Pero si nos detenemos un poco vemos que el significado es similar. El salmista piensa en el oído abierto

---

y obediente. "Me has preparado un cuerpo" significa: "me has creado para que en mi cuerpo y con mi cuerpo haga tu voluntad".

4/ Según este salmo y teniendo en cuenta otros pasajes tales como 1Samuel 15:22; Salmo 51:16, 17; Oséas 6:6; Is 1:10-20; Miqéas 6:6-8.

a/ ¿Qué mensaje transmitió Dios repetidas veces a su pueblo a través de los profetas?

b/ Teniendo esto en cuenta, ¿de qué manera Jesucristo fue el hombre perfecto que llenó las expectativas que Dios tenía con el hombre?

Anteriormente nos referimos a los sacrificios que se realizaban una vez al año en el Día de la Expiación o en ocasiones especiales en casos de impureza. En el v. 11 se refiere a los sacrificios que debían realizarse todos los día.

6/ ¿En qué consistían estos sacrificios? (Consulte Números 28:3-8.)

Hay muchas cosas que pueden copiarse, repetirse y reproducirse. Pero todas las obras geniales tienen la calidad de ser irrepetibles. Lo mismo ocurre con el sacrificio de Cristo: es único; es una de esas piezas maestras que se hicieron una vez y jamás se pueden volver a hacer. En Jesús se encuentra al mismo tiempo la perfecta revelación de Dios y la perfecta ofrenda de obediencia. Por lo tanto el sacrificio de Jesús no puede y no necesita ser repetido jamás.

Los vv. 1-18 de este capítulo (10) son una recapitulación de lo que se ha venido diciendo en los capítulos anteriores.

7/ **A modo de conclusión, trata de expresar con tus palabras las profundas verdades que el autor nos ha transmitido (teniendo en cuenta este párrafo o lo que recuerdes de lecciones anteriores).**

Hebreos 10.19-39

A continuación el autor de Hebreos pasa de la teología a la exhortación práctica. Hasta aquí nos ha hecho pensar, pero no meramente por el placer de pensar sino que ha querido abrir nuestros ojos para que nuestra relación con Dios se torne más vigorosa.

8/ Se nos invita a entrar con toda libertad (la Biblia de Jerusalén traduce "plena seguridad") en el Santuario o Lugar Santísimo. ¿Cómo le explicarías esto a un niño o a alguien que no sabe nada de la Biblia?

9/ Esta libertad se fundamenta en tres cosas que Jesús es o ha hecho. ¿Cuáles son?

a/

b/

c/

10/ El v. 20 es algo complicado: compara el "velo" con el cuerpo de Cristo.

a/ ¿Qué les pasó a ambos? (Recuerda Mateo 27:51.)

b/ ¿Qué permitieron ambos acontecimientos?

La Biblia de Estudio de las Sociedades Bíblicas en su nota al pie de página explica: "Se presenta el velo del santuario como símbolo del propio cuerpo de Cristo, quien con su muerte hizo posible el acceso a la presencia de Dios".

11/ El autor nos insta a hacer algunas cosas muy prácticas. Algunas son personales y otras se refieren a nuestra relación con los hermanos. ¿Cuáles son?

a/ Personales:

b/ Relacionados con nuestros hermanos:

c/ ¿De qué manera piensas que podrías mejorar estas prácticas en tu vida?

12/ ¿Qué es lo que hace que nuestro deber cristiano hacia los demás se transforme en una necesidad urgente, apremiante? (V. 25.)

13/ Los versículos 26-31 son muy severos. Hay pocos escritores bíblicos que posean tal sentido de horror y terror frente al pecado.

a/ ¿Qué es pecar intencionalmente? (Ver también 6:4-6.)

b/ ¿Por qué es tan grave?

c/ Observa cómo se reaccionaba en la antigüedad ante los pecados. (Levícito 4:2, 13, 14, 22, 23, 27; 5:15, 17. Confrontar con Deuteronomio 28:15 y 5, 58 y 59.)

d/ ¿Cómo seremos juzgados de acuerdo a la luz que tenemos? (Mateo 11:20-24)

La esencia del pecado es rebeldía (Romanos 2:7, 8). Por eso, conocer a Dios y darle la espalda, haciendo deliberadamente nuestra voluntad y siguiendo nuestros caprichos y naturaleza es gravísimo.

14/ ¿Por qué crees que el autor temía tanto el que los cristianos vivieran en pecado o se alejaran del Señor? (Recuerda las circunstancias históricas en que vivían.)

15/ ¿Te parece que estas palabras tienen vigencia actualmente? ¿Por qué?

16/ Anota todo lo que los destinatarios de la carta habían hecho en el pasado. ¿No bastaba esto para su salvación? ¿Por qué?

17/ Al finalizar el capítulo el autor menciona algunas condiciones indispensables para que el cristiano llegue a la meta. ¿Cuáles son?

16/ ¿Qué prácticas podrían ayudarnos en nuestra fidelidad a Dios?

11 Hebreos 11

Llegamos a uno de los capítulos selectos de la Biblia. Te aconsejamos que al leerlo lo hagas desde 10:32 hasta 12:2.

En el capítulo anterior se ha alentado a los lectores a que perseveren en la fe. En este capítulo el autor describe a la fe como confianza firme de que lo que se espera sucederá, como "convicción" absoluta de la existencia de realidades invisibles (Nuestra fe en el origen del universo es un ejemplo claro de "la convicción de lo que no se ve". Es un acto de fe, y fe es "aceptar lo que Dios ha revelado".) Pero se da por supuesto que esta confianza y convicción se basan en revelaciones que Dios ha hecho.

1/ **Para el análisis del capítulo te proponemos llenar el cuadro de las páginas siguientes. Sin duda algunos casilleros quedarán vacíos por falta de datos, pero trata de investigar y pensar lo más que puedas. Los items que deberás contemplar son los siguientes:**

a) Personaje/s: persona o personas a las que hace referencia el versículo.

b) Acto de fe que realizó o prueba que soportó.

c) Condiciones favorables: es decir, circunstancias personales o sociales que podrían haber ayudado al acto de fe.

d) Condiciones desfavorables o adversas: es decir, circunstancias personales o sociales que hicieron más difícil el acto de fe.

e) Fundamento: es decir, sobre qué confianza o convicción se llevó a cabo el acto de fe.

f) Resultado: es decir, si la persona alcanzó lo que esperaba. (Si es necesario, consulta los pasajes que figuran al pie de página para mayor información sobre

---

cada personaje.)

Versículos	a)	b)	c)	d)	e)	f)
4						
5						
7						
8						
9, 10; 13-16						
11 y 12						
17-19						
20, 21						

22	23	24-26	27	28	29	30	31	32-39

2/ Analizando el cuadro, ¿qué comentario te merecen estas personas?

3/ ¿Qué semejanzas y qué diferencias hay entre ellas?

4/ Sus acciones de fe, ¿eran meramente referidas a "asuntos espirituales"? Explica.

5/ En general, ¿cómo eran las condiciones circundantes?

6/ En general, ¿en qué estaba basada su fe?

7/ En general, ¿alcanzaron lo que esperaban?

Dice Barclay (pág. 170-171):

"Toda la lista abarca a hombres que enfrentaron increíbles pruebas por Dios. Es una lista de hombres que nunca creyeron que Dios estuviera de parte de los grandes batallones; hombres dispuestos a asumir riesgos tremendos y terribles por Dios. Es una lista de hombres que de buen ánimo, valerosa y confiadamente aceptaron tareas encomendadas por Dios que en términos humanos eran imposibles. Todos hombres que nunca tuvieron miedo de estar solos y de enfrentarse por lealtad a Dios con hordas hostiles aparentemente invencibles. El cuadro de honor de la historia es la nómina de hombres que escogieron estar más bien en la minoría de Dios que en la mayoría terrenal".

8/ ¿Por qué te parece que el autor de Hebreos insertó aquí esta disertación sobre los héroes de la fe?

9/ ¿A quiénes se refiere la expresión "gran nube de testigos"? (12.1) (Consultar otras versiones.)

10/ ¿Cuál es el desafío que se hace a los lectores?

11/ ¿Qué ejemplo nos ha dado Jesús?

12/ Elabora con tus propias palabras un concepto de la fe según el sentido que le da el autor de Hebreos.

13/ ¿Por qué es tan importante para el autor este asunto de la fe? (Compara 3:14; 4:2 y 3; 6:11 y 12; 10:23; 10:35-39; 11:6.)

14/ ¿Qué es lo más importante que has aprendido en esta lección?

15/ ¿Qué significa vivir "por la fe" aquí y ahora?

Conclusión

a) Toda definición verdadera de fe debe incluir la idea de revelación divina. De lo contrario, lo que se llama fe podría ser simple credulidad o conjetura. Fe es "tomar a Dios por la palabra". Es "aceptar como verdadero lo que Dios ha revelado". Es "la respuesta genuina del hombre a las realidades de la revelación divina".

b) La fe es algo sumamente práctico. No es sentimiento ni simple especulación. Siempre se manifiesta en vida. La fe acepta lo que Dios ha revelado, y luego actúa. El autor la considera como "una convicción activa que mueve y moldea la conducta humana".

c) La síntesis y esencia del llamamiento es "corramos con paciencia la carrera que tenemos por delante". Todo lo demás está subordinado a esto. No debemos pensar en nuestra fatiga ni en la posibilidad de fracaso. No debemos envidiar a aquéllos cuyas luchas son menos duras y que triunfan más fácilmente. No debemos buscar una senda más suave y corta hacia la corona. Debemos ser pacientes, inquebrantables, confiados en el triunfo.

d) Hay una condición absoluta para la victoria: "Puestos los ojos en Jesús", nuestro Modelo perfecto, en quien la fe halla su expresión perfecta.

e) La fe nunca deja de ser recompensada. Jesucristo ha sido exaltado y ahora se halla sentado "a la diestra del trono de Dios".

12 Hebreos 12

Después de la larga enumeración de héroes, el autor llega al punto culminante con la mención de Jesús como ilustración única e incomparable de la fe. Se exhorta a los lectores a tener una paciencia perseverante atendiendo al testimonio de aquellos héroes y mediante la contemplación de Cristo. La figura que usa el autor es la del estadio y de las carreras a pie. Todos aquellos que triunfaron "por fe" se yerguen grupo tras grupo como espectadores, para contemplarnos en la lucha que llevamos a cabo. La palabra "testigo" significa no "los que ven", sino "los que dan testimonio". Oímos sus voces. Nos hablan del poder de la fe.

1/ ¿Qué significa para tí el saber que tienes "en derredor tan grande nube de testigos?

En la vida cristiana es un deber esencial descartar cosas: hábitos, placeres, confesiones y asociaciones que nos arrastran hacia atrás o nos tiran hacia abajo. Deben ser arrojados como el atleta arroja su capa cuando se dirige a la lucha.

2/ ¿Qué cosas concretamente en tu vida pueden estorbar o dificultar tu carrera cristiana?

3/ ¿Cómo debemos enfrentar la carrera que tenemos por delante? ¿Qué significa esto? (Lee el v. 1 en varias versiones.)

4/ ¿De qué manera el ejemplo de Jesús nos ayuda en esto?

5/ El autor dice que no debemos cansarnos ni desanimarnos. ¿Cuáles son los argumentos que usa para estimularnos? (Vv. 3 y 4)

A continuación el autor expresa otra razón por la que los hombres deben sobrellevar de buen ánimo las aflicciones y contratiempos de la vida. Los ha instado a sobrellevar todo esto porque los grandes santos del pasado lo soportaron y porque todo lo que soportamos es poco en comparación con lo que Jesucristo tuvo que soportar.

6/ ¿Cuál es la nueva razón que él da? (Vv. 5-11)

7/ ¿Para qué nos corrige Dios?

8/ ¿De qué diferentes maneras uno puede hacer frente a los sufrimientos y dificultades?

9/ ¿De qué manera quiere Dios que los enfrentemos?

A continuación, en los vv. 12 a 16a, se plantean algunas situaciones problemáticas de la vida cristiana diaria.

10/ ¿Cuáles son los imperativos u órdenes que se nos dan?

11/ ¿Qué significa "seguir la santidad" en nuestros días?

12/ ¿Cuáles son los peligros que teme el autor?

La santidad es "la preparación para la presencia de Dios". La vida del cristiano está dominada y dirigida por el recuerdo constante de que su mayor propósito es entrar en la presencia de Dios.

El autor, a continuación, pone el ejemplo de Esaú. Hace referencia a dos historias: la de Génesis 25:28-34 y la de Génesis 27:1-39.

13/ ¿Cuál es la seria advertencia que quiere hacernos?

14/ ¿Qué nos revela acerca de Dios y del hombre la experiencia de los israelitas en el Sinaí?

15/ Anota todas las cosas a las que "nos hemos acercado".
(Vv. 22-24)

16/ ¿Con qué fin el autor comparó la situación de los israelitas con la nuestra?

17/ ¿De qué manera en nuestra vida personal o en nuestro grupo cristiano podemos rechazar o dar la espalda a quien nos llama la atención desde el cielo?

18/ Teniendo en cuenta los vv. 12-25, 28 y 29 (recordando también a 10-31),

a/ ¿Cómo debe ser nuestra respuesta a Dios?

b/ ¿Por qué?

13 Hebreos 13

Este capítulo es, en esencia, una serie de exhortaciones finales a una vida cristiana consecuente.

1/ En los versículos 1 a 6 encontramos cinco cualidades esenciales de la vida cristiana. ¿Cuáles son?

2/ ¿En qué medida en tu iglesia o grupo cristiano se encuentran presentes estas cualidades? Analiza cada una de ellas.

3/ ¿En qué medida en tu vida se encuentran presentes estas cualidades? Analiza cada una de ellas.

4/ ¿Qué sugerencias prácticas puedes hacer para mejorar o renovar estas actitudes cristianas en tu vida y en tu grupo?

5/ Seguramente viene a tu memoria alguna persona que reúna las condiciones del versículo 7. ¿Puedes dar algún nombre y algo digno de imitar de ella?

6/ ¿Por qué te parece que el autor hace aquí la maravillosa afirmación del versículo 8?

7/ ¿Qué significa esta afirmación para nosotros hoy?

8/ ¿A qué se referirá "el altar" del que habla el v. 10?

Como vimos en el capítulo 9 acerca del día de la Expiación, el Sumo Sacerdote penetraba en el Lugar Santísimo y lo rociaba con la sangre de las víctimas, pero los cuerpos de los animales sacrificados se quemaban fuera del campamento. Del mismo modo el sacrificio de Cristo se ofreció fuera de la puerta de la Ciudad Santa.

9/ ¿Cómo explicarías la propuesta del v. 13? (Consulta más de una versión.)

La separación, o aislamiento y la humillación pueden sobrevenir sobre el cristiano como sobrevinieron sobre Cristo. Los cristianos deben estar preparados para soportar el mismo trato del mundo que soportó su Maestro.

10/ Por la inmensa gracia de Dios participamos de las bendiciones del sacrificio perfecto. Por esta misma razón hay ofrendas que debemos presentar. ¿Cuáles son? (Vv. 15 y 16)

11/ ¿Cómo evaluarías los sacrificios que estás ofreciendo?

12/ ¿Cuál debe ser nuestra actitud hacia los pastores de la iglesia? ¿Por qué? (v. 17)

a/ ¿Es ésta tu actitud frente a tus pastores? ¿Por qué?

b/ ¿Es ésta la actitud de la iglesia a la que asistes? ¿Por qué?

c/ ¿Cómo podrías mejorar esta situación?

El escritor ha pedido las oraciones de sus amigos. Ahora ora por ellos, y esta oración está en forma de bendición, una de las bendiciones más hermosas y completas de las Escrituras.

13/ En esta bendición, ¿qué se dice de:
a/ Dios?

b/ Jesús?

c/ los destinatarios?

d/ el autor y de quienes estaban con él?

14/ ¿Qué enseñanza puedes extraer de esta bendición para tu forma de orar y en cuanto a lo que deseas para tu vida y la de tus hermanos?

Conclusión

1/ ¿Cómo resumirías en pocas palabras el argumento que ha desarrollado el autor en esta carta?

2/ ¿Cuál es el peligro que amenazaba a los lectores?

3/ ¿Cuál es la advertencia que se les hace?

4/ ¿Qué cosas descubriste a través de esta estudio con respecto a:
   a/ Jesús?

   b/ Dios?

   c/ la iglesia?

   d/ la vida cristiana?

e/ nuestra respuesta a Dios?

f/ los privilegios del cristiano?

5/ Si tuvieses que ponerle un "título" a esta carta de Hebreos, ¿qué título le pondrías? ¿Por qué?

Cómo utilizar este cuaderno

Estos cuadernos son guías de estudio, es decir, su propósito es guiarle a usted para que haga su propio estudio del tema o libro de la Biblia que desarrolla este material.

El cuaderno propone un diálogo. En él introducimos el tema, sugerimos cómo proceder con la investigación, comentamos, pero también preguntamos. Los espacios después de las preguntas son para que usted anote su respuesta a ellas.

Esperamos que, por medio del diálogo, le ayudemos a forjar su propia comprensión del tema. No de segunda mano, como cuando se escucha un sermón, sino como fruto de su propia lectura y investigación.

¿Cómo hacer el estudio?

1 - Antes de comenzar, ore. Pida ayuda a Dios que le hable y le dé comprensión durante su estudio.

2 - Se deben leer los pasajes bíblicos más de una vez y preguntarse: ¿Qué dice el autor? Aunque muchos utilizan la versión Reina-Valera de la Biblia, conviene tener otra versión o versiones disponibles para comparar los pasajes entre las dos. La "Versión popular" y la "Nueva versión internacional" le pueden ayudar a ver el pasaje con más claridad.

3 - Siga con la lectura de la lección. Responda lo mejor que pueda a las preguntas.

4 - Evite la tendencia de "apurarse para terminar". Es mejor avanzar lentamente, pensando, preguntando, aclarando.

En grupo

El estudio personal es de mucho valor pero se multiplican los beneficios si lo acompaña con el estudio en grupo. Un grupo de hasta 8 personas es lo ideal. Pero, puede ser que por diferentes motivos el grupo esté formado por usted y una persona más, aun así, es mejor que estudiar solo.

En realidad, estos cuadernos han sido diseñados con ese motivo: estimular el estudio en células, en grupos pequeños.

La manera de hacerlo es fácil:

1 - Usted hace en forma personal una de las lecciones del cuaderno. Aun cuando pueda haber cosas que no entienda bien, haga el mayor esfuerzo posible para completar la lección.

2 - Luego se reune con su grupo. En el grupo comparten entre todos las respuestas de cada pregunta. Puede ser que no tengan las mismas respuestas, pero comparando entre todos las van aclarando y corrigiendo.

Es durante este compartir semanal de una hora y media, este diálogo entre todos, donde se encuentra la verdadera riqueza y que nos provée esta forma de estudio.

3 - Evite salirse del tema. El tiempo es oro, y lo más importante es enfocar todo el esfuerzo del grupo en el tema de la lección. Luego, pueden dedicar tiempo para conocerse más y tener un rato social.

4 - Participe. Todos deben participar. La riqueza del trabajo en grupo es justamente eso.

5 - Escuche. Hay una tendencia de apurar nuestras propias opiniones sin permitir que el otro termine. Vamos a aprender de cada uno, aun de los que, según nuestra opinión, están equivocados.

6 - No domine la discusión. Puede ser que usted tenga todas las respuestas correctas, sin embargo es importante dar lugar a todos, y estimular a los tímidos a participar. No se trata de sobresalir, sino de compartir aprendiendo juntos.

Si en el grupo no hay una persona con experienca en coordinarlo, se puede encontrar ayuda para dirigir un grupo en:

1 - Nuestra página web, www.edicionescc.com. La sección "Capacitación" ofrece una explicación breve del método de estudio.

2 - En las últimas páginas de nuestro catálogo se ofrece también una orientación.

3 - El cuaderno titulado "Células y otros grupos pequeños" es un curso de capacitación para los que desean aprender cómo coordinar un grupo.

4 - Hay algunas guías que disponen de un cuaderno de sugerencias para el coordinador del grupo.

Finalmente diremos que las guias no contienen respuestas a las preguntas ya que el cuaderno es exactamente eso, una guia, una ayuda para estimular su propio pensamiento, no un comentario ni un sermón. Le marcamos el camino, pero usted lo tiene que seguir.

Que el Señor lo acompañe en esta tarea y si necesita ayuda, comuníquese con nosotros. Estamos para servirle.

Se terminó de imprimir en

Talleres Gráficos de

Ediciones CC

Córdoba 419 - Villa Nueva, Pcia de Córdoba

Mayo de 2009

IMPRESO EN ARGENTINA

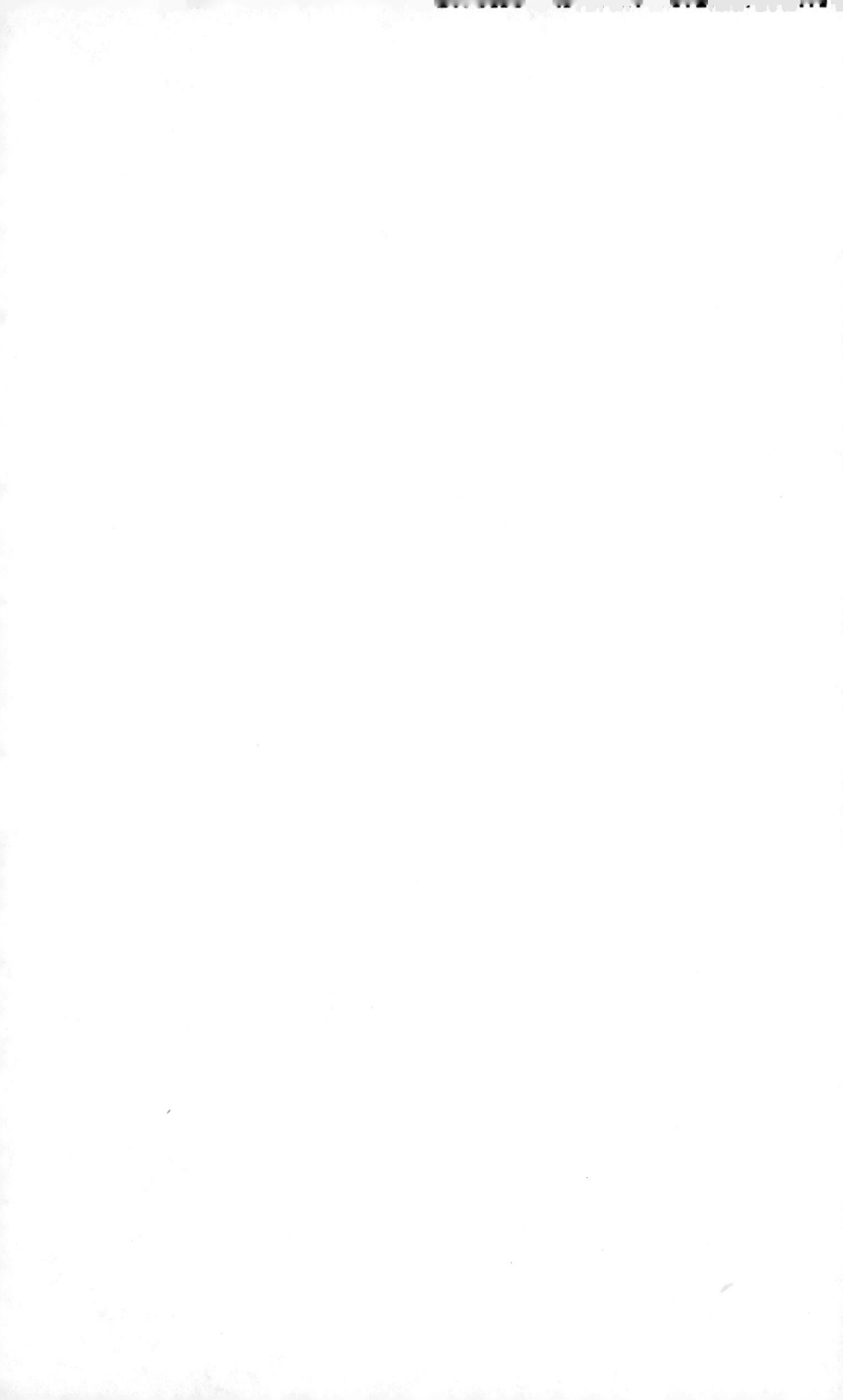

www.ingramcontent.com/pod-product-compliance
Lightning Source LLC
Chambersburg PA
CBHW070546030426
42337CB00016B/2379